Lb 56
1858

AF229028

L

RASTELL ÉLECTORAL

PAR

PIERRE LEFRANC

Ancien représentant des Pyrénées-Orientales

---

30 CENTIMES

PARIS

ARMAND LE CHEVALIER, EDITEUR

RUE DE RICHELIEU, 61

—

A PERPIGNAN

JULIA FRERES, LIBRAIRES

PLACE LABORIE

—

Janvier 1863

LE RASTELL ÉLECTORAL

Je lisais dernièrement dans le *New-York Hérald*, journal américain : « Les nègres du Kentucky viennent d'exercer pour la première fois leurs droits politiques en prenant part à l'élection de la législature de l'Etat. Pour être juste, (le *Hérald* est l'organe de la grande propriété esclavagiste) nous devons reconnaître que, par leur attitude grave et recueillie, ces affranchis d'hier se sont montrés dignes du titre de citoyens dont ils jouissent aujourd'hui. En attendant leur tour de voter, ils étaient restés pendant plusieurs heures en rangs serrés sur la place publique de Louisville, exposés aux rayons d'un soleil caniculaire, sans céder aux offres de rafraichissement qu'on leur faisait de toutes parts. Ils s'étaient d'ailleurs préparés par le jeûne à l'accomplissement d'un acte religieux dont ils paraissaient comprendre la sainteté et l'importance. En vain rodaient autour d'eux, la bouche pleine de paroles mielleuses et les mains pleines de bulletins, les agents des principaux candidats. Les nègres restaient sourds à toutes les sollicitations. On a même vu l'un des grands propriétaires du pays descendre jusqu'à caresser ses anciens esclaves. Mais il en a été pour ses avances. Les nègres ont repoussé la main qui, la veille encore, les caressait à coups de fouet, et le solliciteur a fini par s'attirer cette réponse : « Retirez-vous, monsieur ; les moutons ne sauraient voter pour le boucher. »

Voilà, me disais-je, en lisant ces lignes, voilà des gens bien mal appris ! Il est vrai qu'ils sortent à peine de l'esclavage et qu'ils n'ont pas encore reçu les leçons de la civilisation. C'est leur excuse. Puis, dans ce pays sauvage, livré à toutes les horreurs de la liberté et de l'égalité, les élections se font vraiment à la diable. On y discute publiquement le mérite relatif des candidats, et l'on pousse même l'insolence jusqu'à les questionner sur leurs principes politiques. Aussi qu'arrive-t-il ? Qui que vous soyez, duc de l'antichambre, comte de l'écurie, ou prince du comptoir, vous n'avez pas plus de chance d'y être élu qu'un simple mortel ; vous en avez même beaucoup moins, si, pesé à la balance du mérite personnel, vous êtes jugé inférieur au plus humble de vos compétiteurs. C'est scandaleux ! De cette boîte de Pandore qu'on appelle urne électorale, il sort, on ne sait pourquoi, des tanneurs comme Grant, des tailleurs comme Johnson, de méchants avocats nommés Seward, ou des fendeurs d'échalas. du nom de Lincoln, qui deviennent, on ne sait comment, de grands généraux et de grands hommes d'Etat. C'est vraiment à hérisser d'horreur toutes les perruques de l'aristocratie européenne ; mais, grâce aux rapports qui se multiplient entre l'ancien monde et le nouveau, les citoyens des Etats-Unis ne tarderont sans doute pas à sentir toute l'inconvenance de leurs procédés, et pour les corriger, il leur suffira d'importer chez eux, avec la dignité de nos mœurs, la sagesse de nos institutions. Toutefois, il est regrettable que, parmi la foule d'Américains attirés en France cette année par les splendeurs de l'Exposition universelle, pas un seul n'ait été entraîné par le besoin de s'instruire jusque dans le département des Pyrénées-Orientales. Le sauvage de Boston et de New-York y aurait vu et admiré avec quelle décence, avec quel respect des choses saintes, avec quel désintéressement surtout, les civilisés du Roussillon procèdent aux élections politiques ; et à son retour, il n'eut pas manqué d'initier ses concitoyens aux sublimes mystères du Rastell.

Mais qu'est-ce que le Rastell ? Voici un mot tout nouveau dans la langue politique. Naguère inconnu ou peu usité, il est devenu tout à coup de mode dans le Roussillon et sa célébrité ne s'arrêtera pas là. Pour ma part, avec tout le crédit que j'ai pu y acquérir par une longue collaboration, je me propose bien de le recommander aux éditeurs du grand dictionnaire universel. Qu'est-ce que le Rastell ? Je n'aurais pas plus inventé, je l'avoue, le mot que la chose. Pour rabattre un peu l'orgueil des Roussillonnais qui en sont trop fiers, je dois même leur dire qu'ils n'ont pas eu, plus que moi, le mérite de l'invention. Le Rastell, renouvelé des Grecs, remonte, nous le verrons tout à l'heure, à la plus haute antiquité. Mais, (et je me plais à rendre cette justice à mes compatriotes) importée à Perpignan depuis quelques années seulement, puis cultivée en grand sur un sol propice par des mains habiles, cette plante exotique a déjà donné de beaux fruits. Voilà pour la chose ; quant au mot, il a jailli comme un éclair des profondeurs de la conscience publique. Le bon sens populaire excelle à caractériser ainsi d'un trait les choses sans nom. Mais enfin qu'est-ce que le Rastell ? — C'est, me disait un de mes amis qui se propose d'en faire un catéchisme par demandes et par réponses, c'est un séjour de délices où les électeurs en état de grâce sont admis à contempler face à face le Dieu Jupiter, changé en *pluie d'or*, et même à boire familiè-rement le nectar dans sa coupe, pendant les trop courts instants où le Dieu daigne descendre de l'Olympe pour recueillir les menus suffrages de ses adorateurs. — Mais voilà une définition qui ne brille pas par la clarté. Patience ! J'y suppléerai par des documents judiciaires, aussi précis qu'authentiques. Tout ce que je puis en dire pour le moment, c'est que le Rastell est.... le Rastell.

Je ne l'ai pas vu, et je le regrette. Dans les pérégrinations, un peu forcées, que m'ont valu autrefois, pour mon instruction, quelques services rendus à la chose publique, j'ai visité des monuments de toutes sortes, des églises, des temples, des synagogues, des bour-ses de commerce, des bazars, des marchés, et même des établisse-ments souterrains et ténébreux, connus en Hollande sous le nom de *musicos*. Là, dans les nuits d'hiver et parmi des nuages plus épais que les tourbillons qui s'élèvent d'un champ de bataille, se réu-nissent, à la lueur de quelques lampes fumeuses, des figures avi-nées et allumées autant par l'ardeur du lucre que par l'appât des plaisirs grossiers, telles enfin que les a si énergiquement reprodui-tes le pinceau de Rembrandt. On y danse, on y joue, on y boit, on y ripaille, on s'y injurie, on s'y cogne, et à l'ombre de ces bacchanales se consomment entre escrocs, receleurs et gens moins honorables, un tas de petits trafics infâmes qui n'oseraient s'étaler au grand jour. J'ai vu tout cela, mais je n'ai pas vu le Rastell. Si je m'étais trouvé à Perpignan pendant la semaine sainte des élections, j'aurais essayé de pénétrer dans le sanctuaire pour voir le Dieu, ou tout au moins quelqu'un de ses prêtres, et faire aussi mon salut. Mais, comme je ne suis pas en état de grâce électorale, je n'aurais proba-blement pas été admis à la communion des fidèles, communion faite d'ailleurs sous tant d'espèces solides et liquides, que ma cons-cience et mon estomac se fussent peut-être soulevés.

Mais si je n'ai pas vu, de mes yeux vu, j'ai pu du moins à dis-tance, comme don Quichotte et son écuyer, aspirer les émanations de la cuisine électorale. « Ah! que cela sent bon, disait Sancho ! Par ma foi, ce sont des carbonnades et je gagerais bien d'avance qu'il fera bon à ces élections, je veux dire à ces noces. » Il s'agissait alors des faveurs, non de cette belle inconstante qu'on appelle l'opi-nion publique, mais de la belle Quitterie, jeune bergère que se dis-putaient deux compétiteurs. L'un des prétendants avait tous les mérites, à cela près qu'il était pauvre. L'autre n'en avait aucun, mais il était riche. On l'appelait le riche Gamache. Dans leur instinct de justice, le peuple et Sancho Pança lui-même, tenaient d'abord pour le pauvre. Mais (O merveilleuse vertu de la carbonnade!) Quand l'odeur de la cuisine fût montée à tous les cerveaux, serviteur à la justice, et aux sentiments généreux ! Le moyen en effet de résister à des arguments de cette force !

« La première chose qui s'offrit aux yeux de Sancho et qui le réjouit extrêmement, ce fut un bœuf à qui un ormeau entier servait de broche. Autour du feu où le bœuf devait rotir, bouillaient six grandes marmites ou plutôt six cuves capables d'engloutir des moutons entiers. Sancho compta jusqu'à quarante outres pleines de vin qui attendaient qu'on leur fît fête. Il y en avait pour quinze villages. Timide comme un électeur novice, Sancho demanda humblement de tremper un guignon de pain dans la marmite. Eh! mon pauvre frère, répondit le cuisinier, (ah! le brave cuisinier ! il n'a d'égal que son confrère de Perpignan!) ceci n'est pas jour de jeûne, grâce à la libéralité du riche Gamache. Approchez hardiment, écumez une ou deux poules, et grand bien vous fasse ! vous ne trouverez pas qui vous le reproche. »

Sancho écuma la marmite du Rastell, et dans son cœur Gamache fût élu.

Mais Cervantès qui décrit si bien le Rastell ne l'avait pas non plus inventé. L'honneur de l'idée revient à un de ses ancêtres en poésie, à ce bon Homère qui, dans l'Odyssée, raconte ainsi l'aventure des compagnons d'Ulysse.

« Circé l'enchanteresse ouvrit aux pélerins les portes de son Rastell et les convia d'entrer ; puis, lorsqu'ils y furent introduits, elle mélangea pour eux, dans du vin de Smyrne, du fromage, de la farine et du miel nouveau; à ces mets elle ajouta des charmes funestes qui leur fît oublier complètement la patrie. Elle leur donna ce breuvage, et ils ne l'eurent pas plutôt avalé qu'ils furent changés en pourceaux et enfermés dans l'étable à porcs où on ne les nourrît plus que de faînes et de glands. »

C'est bien cela: du miel et du vin de Smyrne dans les grands jours, puis des faînes et des glands toute l'année. J'y reconnais la générosité des enchanteurs et des candidats.

On me dira, je m'y attends, que les auges de Circé, comme les marmites de Gamache, appartiennent à la fable. Soit; passons à l'histoire : Plutarque, Tite-Live, Polybe et Suétone vont nous servir à souhait.

Le Rastell n'était pas inconnu à Sparte. Je ne parle pas de la table commune où s'étalait le classique brouet noir, mais de la mangeoire où étaient admis parfois les pauvres ilotes voués par la loi du pays au plus dur esclavage. Les Spartiates n'étaient pas

plus tendres pour leurs ilotes qu'on ne l'a été à certaine époque
pour un grand nombre de citoyens des Pyrénées orientales. Dans
cette république de loups, les apprentis louveteaux étaient dressés
à chasser à l'ilote comme à la bête fauve. Mais à de certains jours
de répit (aux jours d'élections et de réjouissances probablement),
les misérables ilotes se gorgeaient, jusqu'à tomber ivres-morts, des
restes du brouet noir, arrosés à flot des vins rancios de la Grèce.
Lorsqu'enfin ils en étaient venus à se vautrer par les fanges de
l'ivresse, on les donnait en spectacle à la jeunesse pour lui inspi-
rer l'horreur de ce vice honteux. Le Rastell de Sparte avait donc
son côté instructif; et, fort de ce précédent, j'établirai tout à l'heure
que le Rastell de Perpignan n'a pu exercer qu'une salutaire
influence sur la moralité de la jeunesse du pays.

Parlerons-nous enfin de ces fameux Rastells de Rome, ouverts
par les patriciens à leur clientèle plébéienne, aux grands jours
d'élections du consulat, du tribunat et de l'édilité? Les hauts per-
sonnages, les Claudius, les Crassus, les Lucullus entretenaient
ainsi chacun trente à quarante mille bouches toujours prêtes à
goinfrer et à hurler pour eux. Pour entrer dans le conseil général
de la république, Lucullus fit distribuer en un seul jour aux électeurs de Rome, jusqu'à cent mille barils de vins de la Grèce et son
triomphe fût assuré. Les empereurs firent mieux encore : ils éle-
vèrent le Rastell à la hauteur d'une institution politique. Mais le
monde a bien dégénéré depuis; nous sommes devenus sordides.
Les Lucullus de nos jours qui n'ont que quelques millions de re-
venus, ne versent dans leurs Rastells que des flots de bière et de
limonade, boissons fades qui ne provoquent qu'un enthousiasme
des plus médiocres; aussi n'en recueillent-ils que pour leur argent.

Et maintenant que j'ai établi historiquement l'origine des Rastells et vu comment se perpétuent les saines traditions, voyons
comment les choses se passent dans notre pays. Je proteste d'avance
que je ne veux ni blesser ni humilier personne. Si nos pauvres
Rastells ne répondent pas à la magnificence antique, c'est que le
pain est cher et les droits sur les boissons un peu lourds. Je tiendrai compte de ces circonstances atténuantes. Puis, ne pouvant ici
m'abriter sous l'autorité de Plutarque et de Tite-Live qui seraient
pour moi de pauvres garants à la barre des tribunaux, je me
bornerai à reproduire fidèlement, textuellement, sans y changer
un *iota*, les témoignages recueillis par le conseil de préfecture des
Pyrénées-Orientales dans l'enquête ouverte dernièrement sur l'é-
lection du canton ouest de Perpignan.

Ecoutons d'abord un magistrat qui dépose ainsi sous la foi du du serment :

« Il est à ma connaissance qu'il existait une sorte de réunion électorale tenue dans l'ancien couvent de la Merci ; là il se fesait à toute personne des distributions de vivres, de boissons et de cigares. Les viandes étaient apportées du cabaret tenu par un sieur R.... Je suis moi-même entré une fois dans cette réunion, je sais même que les distributions étaient faites à des personnes qui n'étaient pas électenrs, en un mot à tout venant....

« Je ne sais point par moi-même s'i! a été fait des offres d'argent, mais des personnes honorables, que je pourrais nommer, m'ont affirmé que le fait avait eu lieu à Perpignan.

« M. X... arrêta au passage un électeur, lui demanda son bulletin, le déplia, et après l'avoir lu, le lui rendit en souriant.

M. X... (l'un des candidats) vint se plaindre vivement disant : pour moi il n'y a pas de police, mais je vous tancerai tous..... M. J... m'a dit : Vous serez tous révoqués, mais cepeadant si vous marchez bien, je demanderai pour vous grâce à M. X...

Le témoin raconte ensuite qu'il avait une dette, et qu'on revint à la charge, en disant qu'on lui prêterait la somme dont il avait besoin. Ainsi parlait un agent de M. X...

Arrêtons-nous un instant sur cette première déposition qui contient à elle seule plus d'un enseignement. D'abord, à qui en avonsnous, nous autres, de réclamer le droit de réunion, puisqu'il existe dans la pratique ? C'est un commissaire central de police qui nous l'affirme. Il est à sa connaissance qu'il existait en plein soleil comme en pleine nuit des réunions électorales et il y a lui-même assisté sans juger à propos de dresser le moindre procès-verbal ! J'en prends acte. Mais peut-être faut-il que dans ces réunions, pour les rendre licites, domine le côté bachique comme dans les musicos d'Amsterdam, et qu'il s'y fasse un débit de vivres, de boissons et de cigares. C'est un cas nouveau sur lequel la jurisprudence n'a pas encore eu à prononcer, et pour prévenir la divergence des interprétations, j'estime qu'il sera non moins prudent qu'opportun d'en faire l'objet d'un amendement à la loi projetée sur le droit de réunion.

Puis, j'aime à voir comment s'applique ou plutôt ne s'applique pas certaine loi pénale sur la corruption des fonctionnaires publics qui n'est pas, que je sache, tombée en désuétude. *Je vous tancerai tous! Vous serez tous révoqués!* Quel est donc l'audacieux qui, sous le règne de l'égalité, simple citoyen comme vous et moi, menace ainsi les agents de l'autorité? Matière à nouvel amendement, tout aussi indispensable pour déterminer combien il faut, en France, posséder de millions pour se mettre au-dessus des lois.

Il est bon enfin de savoir comment le secret des votes est respecté.

Suivent, sur le grand Rastell de la ville et sur les petits Rastells de la campagne, cinquante trois autres dépositions d'une touchante naïveté, où se peignent sans artifice la débauche électorale et le trafic des votes argent comptant. Je n'en donnerai que les extraits suivants, en laissant même au lecteur toute la primeur de ses réflexions :

4ᵉ témoin. — Nous avons été forcés d'écarter du passage un des agents de M. Y..., qui était complétement ivre.... J'ai vu un individu qui montrait un paquet de cigares en disant : Moi, quand je vais au rastell, çà n'est pas pour rien. J'y prends un paquet de cigares....

6ᵉ témoin. — On me repéta que l'élection de M. Z... était perdue à Pia si on ne faisait comme les partisans de M. Y... si on ne donnait pas à manger et à boire dans les cafés et dans les cabarets.

7ᵉ témoin. — Un agent électoral tenait à la main une bouteille, et comme il se donnait pour un homme d'ordre, il dit : Si l'on ne se range pas au parti de l'ordre, il faudra que le sang coule dans les rues comme le vin de cette bouteille.... J'ai trouvé dans un buffet de café : 1° une feuille de registre.... report 1348 f. puis une addition de différents articles, bouteilles, verres cassés, cigares, au total plus de 1400 fr. 2°. un bon pour un nombre de bouteilles de bière ou limonade signé du secrétaire du comité, 3° un autre bon de ce genre. Procès verbal dressé, pièces annexées, etc.

11ᵉ témoin. — Il y avait là cinquante ou soixante personnes qui buvaient de la bière en grande quantité; je vis plus de cinquante cruchons débouchés. Et l'un des buveurs disait : Je me suis soûlé trois jours au ratelier, je veux me soûler tous les jours.... L'un prit 25 cigares et l'autre 15....

15ᵉ témoin. — On me proposa de me donner dix francs pour voter en faveur de M. Y... Mon fils me dit alors : Prends toujours, tu voteras ensuite comme tu voudras.

16ᵉ témoin. — On m'a proposé cinq francs si je voulais vendre ma carte d'électeur. J'ai répondu : Cela ne vaut pas la peine; il faudrait au moins me donner dix francs.

17ᵉ témoin. — Passant devant le Rastell, je vis les prolonges d'une brasserie qui déchargeaient des quantités considérables de bière. Il y avait beaucoup de monde... Les femmes me crièrent : Al Rastell ! M... m'a raconté à moi et à d'autres que le cuisinier de la maison X... lu avait offert cinq cents francs en lui montrant les pièces, il refusa, etc., etc.

19e témoin. — On nous fit boire et C... dit : C'est moi qui commande et c'est M. X... qui paie.

20e témoin. — Pour une halte de quelques minutes, on présenta une note de 147 francs.

21e témoin. — Je suis allé une dizaine de fois aux cafés... J'y buvais de tout ce qu'on boit dans les cafés et je n'ai jamais rien payé.

22e témoin. — Des agents parcouraient la commune et menaient au café tous ceux qui voulaient boire. J'y allai moi-même, etc.

33e témoin. — P... me dit en me faisant le geste de me présenter de l'argent : Est-ce que tu veux de ça ? Je répondis que oui...

34e témoin. — J'avais dit que je serais disposé à voter si on me donnait vingt francs. Il me mit un bulletin et une pièce de cinq francs dans la main. Comme je m'aperçus que ce n'était pas vingt francs, je me plaignis...

36e témoin. — J'ai vu dans les cafés de Pia (simple village) de cinquante à cent individus à la fois. J'ai consommé sans rien payer, et je pense que les autres faisaient comme moi...

37e témoin. — Je leur dis que s'ils me présentaient le bulletin d'une main et l'argent de l'autre, cela pourrait aller...

38e témoin. — On me dit que si je voulais voter pour M. Y... nous aurions des danses gratuites... Partout où je me présentais, je buvais sans payer. Un soir notamment, j'ai pris huit cafés...

39e témoin. — On me demanda si je marcherais; je répondis que oui, mais que je voulais un habillement complet...

42e témoin. — (Un cafetier). On a consommé chez moi gratuitement pendant environ trois jours. Le montant de la dépense s'est élevé à peu près à 800 francs. J'ai été payé chez M. X... par l'intermédiaire du cuisinier.

44e témoin. — On m'a donné un bon pour trois cafés. *Nota.* Les bons ont été annexés à la minute du jugement.

52e témoin. — Quand je suis allé dans la maison X..., c'est un nommé M.,. qui m'a donné les vingt francs.

Tout le reste à l'avenant. Nous n'avons glané que quelques fleurs dans ce champ trop riche. Les autres appartiennent à la même flore et exhalent les mêmes parfums. Puis, comme tout est réjouissant en pareille matière, nous avons eu le plaisir de voir un grand journal de Paris, un journal pieux, l'*Union*, célèbrer dans l'élection des Conseillers généraux de Perpignan, le triomphe du pouvoir temporel du Pape ! Ce que c'est que d'être illuminé par les clartés de la foi ! Les mystères électoraux se dévoilent aux âmes dévotes qui y trouvent de grands sujets d'édification. Nous autres impies, nous n'aurions vu là que le triomphe du pouvoir temporel de Bacchus, à en juger non seulement par les pratiques du culte, mais par les mandements électoraux lancés de part et d'autres à l'adresse des fidèles. En fait de choses saintes, il n'y est guère question que du droit de vinage supprimé depuis quelques années au grand détriment des viticulteurs du Roussillon. Ainsi, la politique, vinage ! Les grands intérêts du pays, vinage ! Le complément de nos libertés, vinage ! L'amélioration morale et matérielle des classes pauvres, vinage ! Vinage et Rastell, tout est là ! Et en attendant la résurrection de ce droit précieux qui prime tous les autres, les candidats ne pouvant viner les barriques ont imaginé de viner les électeurs !

Sur la foi des dépositions produites à sa barre, le Conseil de Préfecture des Pyrénées orientales, qui avait à prononcer sur deux élections commises dans les mêmes circonstances, a jugé à propos d'absoudre l'une et de condamner l'autre. J'ignore comment on s'y est pris pour distinguer des nuances qui m'échappent ; mais je dois supposer à nos magistrats des yeux plus exercés que les miens ou quelqu'instrument d'optique tout particulier, et je m'incline respectueusement devant la chose jugée. Qui sait d'ailleurs ? membre du tribunal, j'eusse peut-être été moi-même plus indulgent encore. J'aurais peut-être posé pour les électeurs comme pour les élus la question de discernement qui les aurait innocentés tous. Je parle très-sérieusement. Où les Catons de la démocratie ne verraient qu'un cynisme éhonté, je ne vois qu'une certaine candeur qui me désarme. De part et d'autre on y est allé de bonne foi. Et comme il se peut que le procès soit porté au Conseil d'Etat, je vais essayer, moi simple Jean Bonhomme, de fournir aux avocats des arguments auxquels ils ne penseraient peut-être pas.

J'appelle les parties à confrontation, et tout d'abord se présente un fils d'Abraham, habitué par traditions de famille à acheter, moyennant quelque plat de lentilles, des droits d'aînesse ou de souveraineté. J'ouvre la bible qui est son Code, et je lis : Vendez-moi, dit-il à son frère, votre droit d'ainesse. — Esaü répondit : Je meurs de faim ; à quoi me sert mon droit d'aînesse ? Puis, ayant pris du pain et le plat de lentilles, il mangea, but et s'en alla, se mettant peu en peine de ce qu'il avait vendu. — Vous le voyez, l'Ecriture Sainte raconte cela comme une chose toute simple et sans y ajouter l'ombre d'un blâme. Or, appliquez le précédent à l'espèce : Vendez-moi, a dit au peuple le fils d'Abraham, votre droit de souveraineté. Le peuple a répondu : Je meurs de faim ; à quoi me sert ma souveraineté ? Puis il a mangé, bu, voté et s'en est allé. sans se mettre plus en peine qu'Esaü de ce qu'il avait vendu.

N'oublions pas que les Hébreux sont la race la plus industrieuse de la terre, et qu'en arrivant dans notre pays, il y a quatre ans, comme ses ancêtres dans la terre promise, l'illustre fils des Hébreux s'était engagé à y apporter quelque industrie qui fît la fortune du pays. Mais les idées nouvelles se font rares. D'un sac épuisé par tant d'autres créations qui font, aujourd'hui surtout, beaucoup de bruit à la bourse et dans le monde, on n'a pu, à défaut d'autres, tirer que l'industrie électorale. N'en rions pas plus que le treizième témoin : « Si cela peut durer quelques jours, nous deviendrons riches. » Voilà le vrai mot de l'affaire. Le malheur est que cette industrie ne soit qu'intermittente et qu'il y ait trop de mortes-saisons. Si les élections pouvaient se multiplier, si l'on pouvait en avoir toutes les semaines, et que le Rastell fonctionnât en permanence, nombre d'honnêtes gens qui ont embrassé avec ardeur la profession nouvelle d'agent électoral finiraient par devenir des industriels de premier ordre. N'est-ce donc rien que tout cela ?

Ainsi raisonnait-on dans le camp d'Israel, et le vent de la fortune y gonflait toutes les tentes d'orgueil et d'espérance, tandis que, dans le camp des Philistins battus, les chefs s'en allaient la tête basse, en quête d'idées, se frappant le cerveau et n'en tirant, comme Moïse du rocher, que de l'eau claire. Que pourrions-nous faire à notre tour pour ce pauvre peuple, se demandaient-ils ? Si nous établissions un marché aux bestiaux ? Mais non, il y a en a déjà un au faubourg, et cela ferait double emploi. — Et si nous y menions le peuple lui-même par le licou, reprit le grand chef ? Notre adversaire n'a-t-il pas donné l'exemple ? — Par Silène mon patron, répondit le sous-chef qui venait d'assister à une représentation de Robert-le-Diable, le vaincre par ses armes, a dit Bertram, et nous le vaincrons ! Ah ! le pauvre homme ! mais voyez comme il est maladroit ! Son invention n'est qu'une ébauche ; prenons un brevet de perfectionnement. Il ne sait que créer des industries en l'air, sans leur assurer des débouchés. Ouvrons des débouchés à ses produits. Il est industriel, soyons commerçants. C'est notre état. Vive la banque ! Hurrah pour le comptoir ! Hosannah à la bourse électorale où les votes feront prime dont cinq ou dont dix selon la qualité de la marchandise ! Puis, pour entretenir l'ardeur des chalands, tenons Rastell et débit de boissons dans la coulisse. Pardieu !

comme dit le Normand, s'il n'y a qu'à boire et à jurer, la vache est nôtre.

Et cela fut fait. A Saint-Simonien Simoniaque! La banque et le comptoir ont triomphé!

Et maintenant, Messieurs les jurés, je vous le demande, que faut-il voir dans tout cela? Une simple application de la liberté commerciale qui est une des plus précieuses conquêtes de la Révolution : Rien de plus, rien de moins. On me dira peut-être que d'après l'article 1598 du Code civil corroboré par l'article 177 du Code pénal, toutes choses ne peuvent être vendues. Mais je répliquerai victorieusement que vous n'avez en face de vous que de simples commerçants qui, à ce titre, ne sont pas tenus de connaître les principes du Code civil.

Mais le peuple?—Ah ! c'est vrai, il y a un peuple, je me trompe, il y avait un peuple. Ulysse aussi avait eu des compagnons; mais en voyageant sous le coup d'Etat de la fatalité, il les avait perdus en route. Où les retrouver aujourd'hui ailleurs que dans le Rastell de Circé? Oui, il fut un peuple, j'en atteste mes souvenirs personnels. Qu'il me soit permis de les rappeler. Je n'abuserai pas du droit de parler à mon tour, acheté par un trop long silence que je me reproche tout le premier. Réfugié depuis longtemps dans les sereines régions de la philosophie historique, j'ai pu y apprendre à loisir par quelles lentes évolutions, souvent même par quelles tristes oscillations s'accomplit dans l'humanité la loi du progrès. Dans l'histoire, les siècles ne sont que des étapes et les phases de quinze ou vingt années par la boue ou par le beau chemin que des accidents de route. De mes études, les fruits les plus certains et les plus doux, c'est d'abord une foi inébranlable dans le but de liberté et de solidarité universelle vers lequel nous tendons, puis un fonds inépuisable d'indulgence pour les hommes et les choses de mon temps. Je dédaigne plus je ne méprise, et je plains plus que je n'accuse. Ce bon peuple qui a été mon compagnon de voyage et que Circé m'a dérobé, je ne me sens pas le courage de le blâmer. C'est un enfant de vingt ans, *puer robustus*, sevré d'éducation; et parce qu'il vous abandonne pour courir au Rastell, faut-il donc le maudire ? Non, mais le flatter serait pire encore. Je tiens à haut prix ses suffrages, mais je les dédaignerais s'il me fallait descendre jusqu'à les solliciter.

Un jour donc, nous étions encore sous le régime étroit et poussif qui est mort d'impuissance et de consomption le 24 février 1848; Le droit politique se mesurait alors comme les champs à l'éminate et les pommes de terre au boisseau ; en pleine chambre de députés l'un des plus dignes représentants de la féodalité censitaire pouvait dire sans provoquer de murmures : « Nous ne sommes pas ici pour nous occuper des gens qui n'ont rien sous leurs pieds. » Et le premier ministre d'ajouter avec ces grands airs de maître d'école inspiré qui lui allaient si bien : « Je ne serai jamais partisan d'un système électoral qui finirait par appeler au vote toutes les créatures du règne animal. » Bien que j'eusse la conscience de ne pas appartenir aux classes inférieures du règne, je me sentais blessé par ces sottes provocations. Je n'étais pas d'ailleurs sans m'apercevoir que la machine électorale, graissée par la corruption et sans engrenages avec la nation, ne tournait qu'au profit d'un petit nombre de privilégiés. On violentait la conscience des électeurs. On forçait les enfants du Roussillon, si justement fiers de la gloire du pays, à humilier le grand nom d'Arago devant je ne sais plus quel petit marquis dont la célébrité n'avait jamais dépassé les antichambres ministérielles. Aux élections de 1846, sur la place de Céret, il m'en souvient, peu s'en fallut que le peuple indigné ne jetât par les fenêtres les urnes, les marchands et les tréteaux; et comme je m'efforçais de le retenir, sans trop le désapprouver, que prétendez-vous donc, me dit un des gros bonnets de l'endroit? Seriez-vous partisan du suffrage universel ? Confieriez-vous les destinées de la nation à une foule ignorante, crédule et superstitieuse ? Ne voyez-vous pas qu'il fait nuit dans son âme et qu'elle n'est pas plus compétente pour trancher des questions politiques que pour résoudre des problèmes astronomiques? Je ne le vois que trop, répondis-je, mais puisqu'il fait nuit, c'est le cas, en attendant le grand jour, d'allumer des lanternes. Donnez-nous seulement le temps d'enseigner à ce peuple ses droits et ses devoirs; je jure pour lui qu'il ne tardera pas à les exercer et à les remplir dignement.

Pendant trois ou quatre ans, après 1848, malgré un vent violent de réaction qui soufflait déjà du fond des casernes et des sacristies, nous avons essayé, mes amis et moi, d'entretenir nos lanternes. Sont venus ensuite des gens, de l'espèce de ceux qui ont peur des reverbères, qui ont crié au bourgeois effaré : Vous prenez cela pour des lanternes ! Mais ce sont de belles et bonnes torches propres à tout incendier ! Partant on a soufflé sur nos pauvresfalots si bien que la nuit s'est faite plus épaisse qu'auparavant. A qui s'en prendre aujourd'hui si, après le sens politique, le peuple perd jusqu'au sens moral ? Dans vos trente mille écoles et dans vos quarante mille chaires, pasteurs du peuple, que lui enseignez-vous donc ? A vendre son âme pour un morceau de pain ou un verre de vin ! J'ai cité les Etats-Unis. Là, il n'est individu si dénué des dons de la fortune et de l'intelligence qui, grâce à une forte éducation publique, ne connaisse à fond les lois qui régissent sa commune, son comté, son Etat, et le congrès fédéral qui représente la Grande République. L'Américain fait plus, il s'intéresse à la gloire et à la prospérité de sa patrie. Il ne s'étiole pas dans le cercle étroit de la vie privée, mais il respire le grand air de la vie publique que n'infectent pas les miasmes d'un rastell. En un mot, il est citoyen. En France, dans ce beau pays où un bon tiers des habitants ne sait ni lire ni écrire, il n'y a pas de citoyens, il n'y a que des administrés. Notre bon peuple ne se doute pas plus du sens que du texte des lois. S'il se soumet à l'autorité (et je suis loin de l'en blâmer) c'est devant la force qu'il s'incline et non devant le droit. Si l'autorité le protège, il en est tout fier ; si elle le menace, il tremble ; l'abandonne-t-elle, il se croit perdu. Tout cela m'afflige sans m'étonner. L'histoire de ce peuple, je la connais : elle est écrite sur tous les anneaux de la chaîne de misère et d'ignorance qu'il traîne depuis quatorze siècles. A peine affranchi par un prodigieux effort d'héroïsme, il essaie de marcher et il cloche. Je regarde à ses pieds, et j'y vois encore les anneaux à demi brisés de cette chaîne qu'on essaie de ressouder. Grand Dieu ! que le progrès est lent de sa nature ! Il ne faut qu'un jour pour démolir les bastilles de pierre, mais les bastilles morales usent les béliers des siècles.

Vienne le vent à se calmer ; vienne une loi nouvelle qui délie tant soit peu la pensée de ses entraves, et je rallumerai mon fanal. Je l'ai juré, c'est le seul serment que j'aie prêté de ma vie, et je le tiendrai. Viennent aussi des élections nouvelles. Mes amis et moi, nous nous y présenterons, mais les mains nues et la bouche vide de promesses illusoires. Philippe de Macédoine avait prononcé dans l'ivresse une sentence inique. J'en appelle, dit le condamné. — A qui donc, dit le Roi ? — A Philippe à jeûn.

Ainsi ferons nous, du peuple du Rastell, nous en appellerons au peuple à jeûn.

Pierre Lefranc,
Ancien représentant des Pyrénées-Orientales.

www.ingramcontent.com/pod-product-compliance
Lightning Source LLC
Chambersburg PA
CBHW061221050726
47594CB00008B/3751